D1062956

# LE
# **DICO**
## DE
## **TIBO**

Soulières éditeur remercie le Conseil des Arts du Canada et la Sodec
de l'aide financière accordée à son programme de publication et reconnaît l'aide financière
du gouvernement du Canada par l'entremise du Programme d'Aide au Développement
de l'Industrie de l'Édition (PADIÉ) pour ses activités d'édition.
Soulières éditeur bénéficie également du Programme de crédit d'impôt pour l'édition de livres
– Gestion Sodec – du gouvernement du Québec.

Dépôt légal : 2009
Bibliothèque nationale du Canada
Bibliothèque nationale du Québec

**Catalogage avant publication de Bibliothèque et Archives nationales du Québec
et Bibliothèque et Archives Canada**

Tibo, Gilles, 1951-
   Le dico de Tibo
   Pour enfants de 6 ans et plus.
   ISBN  978-2-89607-089-3

1. Mots d'esprit et jeux de mots – Dictionnaires pour la jeunesse français.
2. Humour – Dictionnaires pour la jeunesse français.  I. Béha, Philippe.  II. Titre.

PN6231.P8T52 2009        j443.02'07        C2009-940630-6

Conception graphique :
Annie Pencrec'h

Illustration de la couverture
et illustrations intérieures :
Philippe Béha

Copyright © 2009
Gilles Tibo, Philippe Béha et Soulières éditeur
ISBN 978-2-089607-089-3
Tous droits réservés
58501

# LE
# DICO
# DE
# TIBO

DES TEXTES DE GILLES TIBO
ILLUSTRÉS PAR PHILIPPE BÉHA

SOULIÈRES ÉDITEUR

Case postale 36563 – 598, rue Victoria
Saint-Lambert (Québec) J4P 3S8

# LE **DICO** DE **TIBO**

**ACCIDENT** : Drame qui se produit souvent dans les carrés de sable.

**AGADAGADA** : Premier véritable mot prononcé par les nourrissons. Ne jamais confondre avec papa, maman ou auriez-vous l'amabilité de me lancer en l'air ?

**ALLUMETTE** : Jouet dangereux, interdit aux enfants parce qu'il brûle les rêves.

**ALPHABET** : 26 symboles servant à créer tous les mots connus et inconnus, passés, présents et futurs. Les mêmes lettres peuvent servir aussi pour l'anglais, l'allemand, l'italien… et l'agadagadien.

**ALPINISTE :**
Quelqu'un qui pratique l'art de ne pas tomber.

**AMBULANCE :**
Taxi pour les gens malades.

# LE **DICO** DE **TIBO**

**AMIE :** Personne qui peut se transformer
en ennemie si on ne fait pas assez attention à elle.

**AMOUREUX :** Quelqu'un qui n'arrête pas de bécoter
quelqu'un d'autre.

**ANALPHABÈTE :** Se dit d'une personne qui ne peut
lire ce dictionnaire.

**ÂNE :** Animal tellement têtu qu'il refuse d'avancer,
de reculer et de rester sur place.

**ANIMAL :** Être vivant pouvant avoir une bouche,
un nez, deux yeux, quatre pattes, du poil,
des écailles, des plumes, des nageoires, des bosses,
une poche ventrale, un long cou, dans l'ordre ou
dans le désordre...

**ANNÉE :** Les jeunes y ajoutent des quarts
et des demis. Exemple : *j'ai trois ans et demi.*
Les vieilles personnes n'en parlent plus.
Exemple : *je ne compte plus les années.*

**ANTILOPE :** Animal d'Afrique sous lequel poussent
de grandes pattes pour se sauver des lions.

**ANTISTREPTOLYSINE :** Très joli mot qu'on
n'emploie jamais.

9

# LE **DICO** DE **TIBO**

**ARAIGNÉE** : Ses toiles ne sont jamais exposées dans les musées.

**ARBRE** : Piste d'atterrissage pour les oiseaux.

**AUTOBUS** : Moyen de transport qui encourage les rapprochements.

**AUTOBUS SCOLAIRE** : Transporte des enfants malheureux le matin. Transporte des enfants heureux le soir. Ou vice versa.

**AUTOMOBILE** : Véhicule servant à éviter les mouches, les papillons, les chiens, les orignaux, les cyclistes et les piétons.

**AVION :**

Jeu préféré des enfants. Le moteur est équipé de grands bras, de deux jambes et d'une bouche qui fait « VROUM ! VROUM ! »

VROUM ! VROUM !

# LE **DICO** DE **TIBO**

**BAIGNOIRE** : Animal à fond creux vivant dans les maisons. Adore être rempli de mousse, de jouets et d'enfants.

**BALANÇOIRE** : Jeu qui consiste à faire de la vitesse en restant sur place.

**BALEINE** :

Mammifère marin qui déteste qu'on le prenne pour un poisson.

**BALLE** : Objet rond servant à briser les vitres.

**BALLON** : Objet qui nous surprend lorsqu'on le pique.

**BALLON CHASSEUR** : Ballon qui finit toujours par vous attraper.

**BANANE** : Fruit à la pelure glissante.

**BANQUE** : Petit cochon dans lequel je mets l'argent que la fée des dents me donne.

# LE **DICO** DE **TIBO**

**BATEAU** : Jouet de bois ou de plastique qui flotte habituellement dans une baignoire.

**BEAU** : Merci beaucoup !

**BÉBÉ** : Petit être chauve, bedonnant, sans dents, qui hurle régulièrement et qui est l'amour de ses parents.

**BÉHA** : Illustrateur génial de ce merveilleux dictionnaire.

**BERCEAU** : Lit servant à étourdir les enfants.

**BERGER** : Homme dont le métier consiste à compter les moutons pour ceux qui ne peuvent dormir.

**BÉQUILLE** : Pour ne pas tourner en rond, il est préférable d'en avoir deux.

**BIBERON** : Objet qui répond à un besoin criant ou silencieux pour bébé.

**BIBLIOTHÈQUE** : Endroit où l'on peut parler, mais en silence…

**BIJOU** : Les femmes et les voleurs en raffolent.

**BLANC** : Couleur du lait avant d'y ajouter du chocolat.

**BLEU** : La vraie couleur du ciel… lorsqu'il fait beau.

13

B

# LE **DICO** DE **TIBO**

## BOA :

Sorte de cheval sans crinière, sans poils, sans pattes, sans queue, sans sabots et avec lequel il est impossible de faire de l'équitation.

**BOÎTE** : On peut y garder tout ce qu'on jettera plus tard.

**BONBON** : Ce qui est si bon et qui donne des caries.

**BONHEUR** : Sentiment de bien-être éprouvé lorsque je savoure du chocolat.

**BONHOMME SEPT HEURES** : Attention, ce vilain personnage peut arriver à l'improviste : à six heures quarante-cinq ou à sept heures vingt.

**BOTTES DE SEPT LIEUES** : Moyen de transport préféré des ogres.

**BRRR !** : Bruit que fait la tarte en entrant dans le congélateur.

# LE **DICO** DE **TIBO**

**CABANE :** Petite maison que les enfants construisent pour se donner des bisous en cachette.

**CADEAUX :** On n'en reçoit jamais assez.

**CADENAS :**

Objet qui ne se fait pas voler souvent.

**CALÈCHE :** Véhicule préféré des touristes qui sont venus nous visiter en avion.

**CALENDRIER :** Objet inutile qui sert à prouver que le temps passe.

**CAMION :** Moyen de transport qui traîne dans tous les carrés de sable.

**CAMION À ORDURES :** Monter dans ce véhicule uniquement si vous désirez vous rendre au dépotoir.

**CAMION DE POMPIER :** Seul véhicule qui peut se garer devant une borne-fontaine sans recevoir une contravention.

# LE **DICO** DE **TIBO**

**CAMPAGNE :** Endroit situé beaucoup trop loin des villes.

**CAPITAINE :** Quelqu'un qui porte toujours une casquette de capitaine.

**CASSE-TÊTE :** Jeu qui consiste à ouvrir une boîte et à perdre des morceaux.

**CAVALIER :** Quelqu'un qui est obligatoirement assis sur un cheval et qui ne monte jamais sur ses grands chevaux...

**CAVERNE :** Maison préférée des hommes préhistoriques et d'Ali Baba.

**CD :** Musique qui tourne en rond.

**CERF-VOLANT :** Objet complètement inutile lorsqu'il ne vente pas.

**CERVEAU :** Chacun devrait en posséder un.

**CHAISE :** Petits animaux à quatre pattes qui se regroupent habituellement autour d'une table.

# LE **DICO** DE **TIBO**

**CHAISE BERÇANTE :** Façon économique de voyager tout en restant sur place.

**CHAISE ROULANTE :** Moyen de transport souvent utilisé par quelqu'un qui a eu un accident avec un autre moyen de transport.

**CHALOUPE :**
Moyen de transport qui consiste à reculer en avançant ou à avancer en reculant... ou les deux à la fois.

**CHAMEAU :**

Animal avec deux bosses qui déteste qu'on le prenne pour un dromadaire.

**CHAPERON ROUGE :** Petite fille qui affronte les loups et qui fait le trafic de galettes dans la forêt.

**CHAT :** Animal de compagnie préféré des humains parce qu'il n'obéit pas aux ordres et qui répond rarement lorsqu'on l'appelle.

# LE **DICO** DE **TIBO**

**CHEMISE :** Très utile dans la phrase suivante :
Les chemises de l'archiduchesse sont-elles sèches
ou archi-sèches ?

**CHEVAL :** Animal, parfois construit en bois,
qui se balance sur place.

**CHEVALIER :** Personnage de métal qui se promène
à cheval dans les contes pour enfants.

**CHEVEUX :** Il est presque impossible d'en avoir
ailleurs que sur la tête, sauf sur la langue ou dans
sa soupe.

**CHIEN :** Animal de compagnie servant
à promener son maître.

**CIEL :**

Terrain de jeu préféré
des nuages.

**CONCIERGE :**
Dans une école,
ne jamais le confondre
avec le directeur.

19

# LE **DICO** DE **TIBO**

**CONFITURE :** Colle de différentes couleurs qui s'étend facilement sur du pain, sur les doigts et autour de la bouche.

**CONGÉLATEUR :** Sorte de petit pôle Nord carré ou rectangulaire que l'on trouve dans les cuisines. On ne sait pas encore si la lumière est vraiment éteinte quand la porte est fermée…

**CRAYON :** Ne doit jamais servir à dessiner ou à écrire sur les murs… malheureusement.

**CROCODILE :**

Animal magique qui se transforme en sac à main, en ceinture ou en soulier.

**CUISINE :** On y entre affamé. On en sort rassasié.

**CUMULUS :** Grosse boule de ouate qui se promène dans le ciel.

**CYCLOMOTEUR :** Bicyclette munie d'un gros moteur qui remplace les jambes.

# LE **DICO** DE **TIBO**

**DAUPHIN :** Animal de compagnie préféré des hommes-grenouilles.

**DÉGRINGOLER :** Descendre des marches de toutes les façons, sauf sur ses pieds.

**DEMAIN :** Sorte de poubelle du temps. Sert à y reporter ce que l'on veut.

**DÉMÉNAGER :** Action de changer les maisons de place.

**DENT :** Raison d'être des dentistes.

**DÉPANNEUSE :** À l'unanimité, moyen de transport que tout le monde déteste.

**DESSERT :** Moment privilégié du repas où on a toujours faim.

**DÉSORDRE :** Ce que les parents détestent le plus.

**DÉTECTIVE :**

Homme dont le métier consiste à faire semblant qu'il n'est pas un détective.

# LE **DICO** DE **TIBO**

**DICTIONNAIRE :** Gros livre, habituellement très sérieux, dans lequel on range les mots.
Vous l'avez déjà entre les mains. Peut servir d'escabeau ou de coussin pour manger à table.

**DIX :** Chiffre soutenu par le neuf et tiré par le onze.

**DOIGT :** Petit être sociable et curieux qui aime fouiller dans les nez.

**DOS :** Seule partie du corps qui me pique et que je n'arrive pas à gratter.

**DOUZAINE :** Personne n'a résolu le mystère de l'œuf et de la poule. Mais tout le monde s'entend pour dire que les œufs arrivent par douzaines.

**DOUZE :** Chiffre fatigué d'être exploité partout. Exemple : douze œufs, douze mois de l'année, douze signes du zodiaque. Les douze doigts de la main, les douze mousquetaires, avoir 12 sur 10.

**DRAGON :**

Ancêtre du briquet.

# LE **DICO** DE **TIBO**

**DRAPEAU :** Bout de tissu pour lequel
on s'entretue parfois.

## DROMADAIRE :

Animal à une bosse qui déteste qu'on le prenne
pour un chameau.

# LE **DICO** DE **TIBO**

## EAU :

Habitat naturel des poissons,
des hommes-grenouilles
et des sirènes. On peut trouver
de l'eau partout sur la Terre :
dans les robinets, les baignoires,
les gourdes et même
dans la glace fondue.

**ÉCHASSES** : Moyen de
transport préféré de ceux
qui ont de petites jambes.

**ÉCHECS** : Jeu qui consiste
à provoquer un mal de tête... chez son adversaire.

**ÉCOLE** : Endroit où on retrouve le plus grand nombre
d'écoliers au mètre carré.

**ÉCOLIER** : Sorte d'enfant, heureux ou malheureux,
qui travaille cinq jours par semaine dans une école.

# LE **DICO** DE **TIBO**

**ÉCOUTER** : Fonction qui disparaît chez l'enfant lorsqu'on lui demande de fermer la télévision.

**ÉCRIVAIN** : Personnage louche qui aime voir son nom imprimé sur les couvertures de livres.

**ÉLASTIQUE** : La définition de l'élastique risque de s'étirer sur plusieurs pages...

**ÉLÉPHANT** : Animal interdit dans les magasins où l'on vend de la porcelaine.

**ENFANCE** : État dans lequel certains adultes restent toute leur vie.

**ENFANT** : Petit être, parfois mignon, à qui les adultes aiment bien raconter des histoires.

**ENNEMI** : Il faut tenter de s'en faire un ami.

**ÉPÉE** : Objet pointu servant à faire des trous dans les gens.

# LE **DICO** DE **TIBO**

### ESCARGOT :

Animal visqueux
qui pratique l'art
de se déplacer
lentement.

### ÉTOILE :

Petite lumière qui
s'ennuie dans le ciel.

### ÉTOILE FILANTE :

Étoile qui cherche
son chemin
dans la nuit.

**EUH !** : Mot très pratique quand on ne sait pas quoi
dire. Exemple : *As-tu fait ton devoir ?*
Réponse : *Euh !*

**EXAMEN :** Moyen de torture souvent employé
à l'école.

# LE **DICO** DE **TIBO**

**FACTEUR** : Personnage payé pour marcher
avec un gros sac rempli de bonnes ou de mauvaises
nouvelles.

**FAIM** : Ce que l'on ne ressent plus après avoir mangé.

**FAKIR** :

Homme qui ne cogne jamais de clous avant
de s'endormir.

**FAMILLE** : Regroupement constitué de plusieurs
personnes ayant, habituellement, le même nom
de famille.

**FANTÔME** : Personnage timide, qui vit toujours caché
sous un drap blanc.

# LE **DICO** DE **TIBO**

**FAR WEST** : Situé à l'opposé du Far East.

**FATIGUE** : Ce que l'on ressent après une journée à ne rien faire devant le téléviseur.

**FÉE** : Femme qui flotte au-dessus des berceaux et qui tient une baguette magique.

**FEMME** : Contraire de l'homme. Heureusement pour elle !

**FENÊTRE** : Ouverture vitrée souvent attaquée par des balles et des ballons.

**FÊTE** : Moment extraordinaire qui arrive une seule fois par année, généralement le jour de son anniversaire.

**FEU** : Ancêtre de la cuisinière électrique.

**FEUILLE** : On peut en compter mille dans un mille-feuilles.

**FIÈVRE** : Moyen de chauffage très peu efficace.

**FIL DE FER** : Trottoir céleste servant au déplacement des funambules.

# LE **DICO** DE **TIBO**

**FILET** : Multitude de trous reliés les uns aux autres par une ficelle.

**FILM** : Le meilleur ami du maïs soufflé.

**FIN** : Habituellement, le mot « fin » apparaît à la dernière page d'un livre, mais ici, il figure à la page 32.

**FLÈCHE :**

Objet long et pointu qui espère rencontrer la cible en son centre.

**FLEUR** : Les fleurs adorent se regrouper pour former un bouquet.

# LE **DICO** DE **TIBO**

**FLÛTE :** Instrument à vent et à patience.

**FORÊT :** Endroit de prédilection du Petit Chaperon rouge, du Petit Poucet, des ogres, des sorcières, des monstres et des… maringouins.

**FORMULE 1 :** Voiture rapide qui tourne en rond.

**FOURMI :**

Insecte qui se moque des cigales.

**FRISSON :** Sensation que l'on éprouve après avoir reçu un bisou.

**FROID :** Le froid se cache dans les réfrigérateurs. Le froid est très heureux en hiver et très malheureux en été.

# LE **DICO** DE **TIBO**

**FUNÉRAILLES** : Jeu triste qui consiste à faire pleurer les participants.

**FUSÉE** :
Moyen de transport rarement
utilisé pour se rendre au dépanneur du coin.

**FUSIL** : Objet dangereux servant à faire des trous, mais de loin.

**FUTUR** : Il existe, mais personne ne sait de quoi il sera fait.

# LE **DICO** DE **TIBO**

**GAIETÉ :** Apparaît soudainement quand le bonheur me rend visite.

**GALAXIE :** Paquet d'étoiles lancées dans le ciel.

**GANT :** Inutile en été, sauf pour jouer au baseball.

**GARDIENNE :** Remplace les parents pendant qu'ils font autre chose.

**GASTON :** Le père de mon ami s'appelle Gaston. Les autres Gaston ne sont pas son père.

**GÂTEAU :** Sorte de grosse pâtisserie qui sert à soutenir des chandelles.

**GAUCHE :** Ne jamais la confondre avec la droite.

**GÉANT :** Homme de grande taille qui travaille dans les légendes et les contes pour enfants.

**GENOU :** Ce qui s'érafle en premier lorsque je tombe sur le trottoir.

# LE **DICO** DE **TIBO**

**GIRAFE :** Animal dont on a étiré le cou pour mieux le voir dans les jardins zoologiques.

**GLACE :** La glace n'est jamais chaude.

**GORILLE :**

Animal qui singe l'homme.

# LE **DICO** DE **TIBO**

**GRENOUILLE :**

Animal qui adore sauter.
Aucun lien de parenté
avec les kangourous.

**GRIMACE :** Façon de
s'exprimer, socialement
acceptable, pour montrer
son mécontentement.

**GUÊPE :** Qui s'y
frotte s'y pique.

**GUERRE :** Activité
préférée des humains.
Jeu triste qui consiste
à éliminer ses adversaires.

**GUIMAUVE :** Petite friandise blanche que l'on aime
bien faire calciner, puis jeter dans un feu.

**GUITARE :** Instrument à cordes préféré des chevaux
et des cowboys.

# LE **DICO** DE **TIBO**

**HAMBURGER** : Mets préféré des enfants qui ne connaissent pas encore la pizza.

**HAMEÇON** : Petit instrument avec lequel les vers de terre détestent prendre leur bain.

**HAMSTER** : Petit rongeur qui voyage sur place tout en gardant ses bagages dans ses bajoues.

**HANTÉE :**

Se dit d'une maison dans laquelle habitent des fantômes et des sorcières.

**HARICOT** : Légume tellement ordinaire, tellement inintéressant qu'on ne comprend pas ce qu'il fait dans ce dictionnaire.

**HARMONICA :**
Instrument de torture souvent employé par les enfants.

**HASARD** : On dit qu'il n'y a pas de hasard, mais c'est un mot qui existe quand même.

# LE **DICO** DE **TIBO**

**HÉLICE :** Lorsqu'elle s'arrête, il est temps de sauter en parachute.

**HÉLICOPTÈRE :** Gros insecte métallique qui se déplace à grand bruit.

**HÉRITAGE :** Sorte de cadeau qui assèche les pleurs ou excite la rage.

**HEURE :** Phénomène qui vit uniquement dans les montres et les horloges.

**HIBOU :** Animal qui souffre d'insomnie.

**HIPPOCAMPE :** Sorte de petit cheval marin sur lequel il est impossible de faire de l'équitation sous-marine.

**HIPPOPOTAME :**

Animal avec qui il est préférable de ne pas prendre son bain.

# LE **DICO** DE **TIBO**

**HIVER :** Saison qui s'amuse à geler les pieds des enfants.

**HOCKEY :** Sport d'équipe qui consiste à ne pas vouloir partager une rondelle de caoutchouc.

**HOMARD :** Animal avec des pinces au bout des bras. Ne pas confondre avec un plombier.

**HOMME :** Animal qui montre quelquefois des signes d'intelligence.

**HÔPITAL :** Grand hôtel qui n'attire que des gens malades.

**HYDRAVION :** Sorte d'avion muni de gros flotteurs parce qu'il ne sait pas nager.

# LE **DICO** DE **TIBO**

**ICEBERG :** Gros morceau de glace, vedette d'un film.

**IDÉE :** Phénomène qui arrive rarement quand on en a besoin.

**IDIOTS :** On en trouve partout sur la planète.

**IGLOO :** Maison préférée des bonshommes de neige.

**ÎLE :**

Grosse bouée de terre pour les naufragés.

# LE **DICO** DE **TIBO**

**IMAGE :** Il y en a tellement que nous sommes obligés de les accrocher aux murs.

**IMMENSE :** Juste un peu plus grand que très grand.

**IMMORTEL :** Quelqu'un qui ne regarde jamais le calendrier.

**IMPATIENT :** Se dit de quelqu'un qui a perdu sa patience, qui la cherche et ne la retrouve pas.

**IMPROVISER :** Lors d'une situation embarrassante, trouver rapidement une réponse claire et précise pour ne pas se faire gronder par ses parents.

**INCOMPÉTENT :** Nous en connaissons tous, mais nous ne nommerons personne.

**INEXPLIQUÉ :** Mot impossible à expliquer.

**INFIRMIÈRE :** Celle qui remplace la maman à l'hôpital.

**INSECTE :** Petit animal qui déteste qu'on le prenne pour une « bibite ».

# LE **DICO** DE **TIBO**

**INTELLIGENCE :** Faculté qui n'est pas donnée à tout le monde.

**INTERDICTION :** Phénomène naturel qui arrive cent fois par jour dans la vie d'un enfant.

**INTESTIN :** Grand tube qui se cache dans le ventre des gens.

**INVENTEUR :** Se dit de quelqu'un qui invente ce qui n'existe pas.

**INVISIBLE :** Tout le monde a rêvé, un jour ou l'autre, de l'être.

**IVROGNE :**

Individu qui boit même s'il n'a plus soif.

# LE **DICO** DE **TIBO**

**JALOUSIE :** Sentiment pas très joli qu'il faut éviter d'attraper.

**JAMBE :** Partie du corps située sous la tête si on est debout et située par-dessus la tête si on est à l'envers.

**JAPPER :** Langage réservé aux chiens et à certaines personnes.

**JARDIN :**

Endroit qui aime se faire arroser.

# LE **DICO** DE **TIBO**

**JAUNE :** Couleur qui adore s'associer au bleu pour former du vert.

**JEU :** Activité qui se termine toujours trop tôt.

**JEUDI :** Journée coquine qui s'est subtilement glissée entre le mercredi et le vendredi.

**JOUR :** Il existe plusieurs sortes de jours : le jour de l'An, le jour de mon anniversaire, le jour où je t'ai rencontré...

**JOURNAL :**

Papier sur lequel les adultes se précipitent avec joie pour lire les mauvaises nouvelles.

**JOYEUX :** Se dit de quelqu'un qui reste souriant, malgré les mauvaises nouvelles.

# LE **DICO** DE **TIBO**

JUDO : Sport poli et courtois où il est permis et même recommandé d'envoyer son adversaire au tapis.

JUMEAUX : Enfants qui se ressemblent beaucoup.

JUNGLE : Endroit où vivent les lions et les tigres en peluche avant qu'ils se retrouvent dans les lits des enfants.

JUSTICE : On voudrait qu'elle existe partout, partout, partout...

# LE **DICO** DE **TIBO**

**KAKI :** Couleur préférée des soldats qui détestent le jaune fluo.

**KALÉIDOSCOPE :** Sorte de lunette dans laquelle on regarde le monde se briser en mille morceaux.

**KAMIKASE :** Se dit de quelqu'un qui est prêt à mourir pour ne plus être en vie.

**KANGOUROU :** Animal qui n'a pas la langue dans sa poche, qui ne tient pas en place, qui saute partout et dont il est pratiquement impossible de donner une définition claire et précise.

**KAPUT :** Signifie brisé dans plusieurs langues.

**KARATÉ :** Sport qui consiste à porter un pyjama blanc. Seule la ceinture peut changer de couleur.

**KAYAK :** Embarcation conçue pour chavirer facilement.

# LE **DICO** DE **TIBO**

**KAYAKISTE :** Se dit de quelqu'un qui passe son temps à essayer de ne pas chavirer.

**KÉPI :** Petit chapeau ridicule qui nous aide à ajouter une définition de plus à la lettre « K ».

**KETCHUP :**

Liquide rouge qui sert à imiter le sang dans les films de vampires.

# LE **DICO** DE **TIBO**

**KIDNAPPER** : Enlever quelqu'un à quelqu'un d'autre. Pour l'instant, on ne sait pas qui est « quelqu'un » et qui est « quelqu'un d'autre ».

**KILOGRAMME** : Unité de mesure que les personnes grosses détestent.

**KILOMÈTRE** : Unité de mesure qui fait abondamment suer les coureurs pendant toute la course.

**KIMONO** : Sorte de pyjama qu'il est préférable de porter pour rêver que l'on se bat.

**KIWI** : Petit fruit plein de poils sans intérêt.

**KLAXON** : Instrument de musique que l'on entend souvent lors des embouteillages.

# LE **DICO** DE **TIBO**

**LABYRINTHE :** Endroit conçu expressément
pour perdre son chemin.

**LAC :** Très grand trou rempli d'eau, de poissons,
de canots, de chaloupes, de planches à voile,
de voiliers, de yachts, de motos-marines et, de temps
à autres, de baigneurs.

**LACET :** Ne doit jamais servir à attacher les deux
souliers ensemble. Sauf pour faire une blague.

**LAISSE :**

Ce qui permet au chien de promener son maître.

# LE **DICO** DE **TIBO**

**LAIT :** Meilleur avec du chocolat et des céréales…
ou les deux en même temps !

**LAMPE :** Objet servant à dépenser de l'électricité
si elle est allumée inutilement.

**LANGUE :** Il ne faut jamais la montrer sans raison.

**LAPIN :** Petit animal qui déteste se faire tirer l'oreille.

**LARME :** Petite goutte d'eau qui apparaît sur ma joue
lorsque je suis triste.

**LION :** Le roi des animaux parce qu'il ne fait rien de
toutes ses journées.

**LIT :** Endroit préféré pour rêver.

**LIVRE :** Objet rempli de mots qui forment des
phrases, qui forment des paragraphes, qui forment
des chapitres, et qui se termine toujours par le mot
FIN.

# LE **DICO** DE **TIBO**

## LOUP :

Animal dangereux qui circule en liberté
dans plusieurs contes pour enfants.

**LUMIÈRE :** Ce qui chasse les monstres, la nuit.

**LUNE :** Ballon lumineux qui se gonfle et se dégonfle
dans le ciel.

# LE **DICO** DE **TIBO**

**MAIN :**

Partie du corps humain située
au bout de chaque bras.
Peut servir à caresser ou à
faire mal.

**MAISON :** Lieu idéal pour se
protéger de la pluie et du froid.

**MAMAN :** Femme ayant au moins
un enfant. Dame qui nous regarde
avec son cœur.

**MARIN :** Se dit de quelqu'un qui
navigue sur des bateaux de papier.

**MÉTRO :** Transport souterrain servant à se déplacer
en cachette.

**MEUH ! :** Interjection utilisée par les vaches
pour dire : *Oh ! Chères amies de mon cœur, regardez
ce beau train qui passe à vive allure !*

# LE **DICO** DE **TIBO**

**MIAOU** : Petit mot souvent répété par les chats, en tous lieux et en toutes occasions.

**MIME** : Quelqu'un qui raconte des histoires en gardant la bouche fermée.

**MITAINE** : Quand on en a retrouvé une, on a eu le temps de perdre l'autre.

**MITRAILLETTE** : Instrument de musique qui provoque la mort.

**MODE** : La mode ne se démode jamais, elle revient toujours à la mode.

**MODERNE** : Mot qui ne vieillit jamais.

**MONTGOLFIÈRE** : Moyen de transport comportant des hauts et des bas. Ne pas confondre avec un ascenseur.

# LE **DICO** DE **TIBO**

**MOT** : Pour trouver le bon mot, il faut le chercher dans le dictionnaire. Les livres sont remplis de mots. Il y a aussi les petits mots d'amour et les gros mots qu'il est impossible de mentionner ici.

## MOTONEIGE :

À pratiquer seulement en hiver et seulement sur la neige.

**MUR** : Surface plane et verticale servant à faire rebondir les ballons.

## MUSIQUE :

Ce qui entre par une oreille sans nécessairement ressortir par l'autre.

# LE **DICO** DE **TIBO**

**NAGER :** C'est la meilleure façon de ne pas se noyer.

**NAIN :**

Personne de petite taille mais de grand cœur.

**NAUFRAGÉ :** Celui qui voyage à la verticale en descendant au fond de l'eau.

**NAVIGUER :** Voyager en évitant de couler à pic.

**NÉANT :** Ce qui existe dans la tête de plusieurs personnes.

**NEIGE :** Comme les êtres humains, les flocons de neige sont tous différents.

**NEZ :** Il en existe des gros, des petits, des longs, des larges, mais tout le monde s'en sert pour se moucher. On peut, de temps à autre, y remiser son index.

**NID :** Sorte de petite maison en paille dans laquelle les oiseaux croient se sentir en sécurité.

# LE **DICO** DE **TIBO**

**NOÉMIE :** Petite fille épatante.
Héroïne de plusieurs livres.

**NOIR :** C'est toujours dans le noir qu'apparaissent
les fantômes et les sorcières.

**NOMBRIL :** Plusieurs personnes se prennent pour lui.

**NON :**

Seul mot que les enfants prononcent durant
la phase du « non ». Curieusement, il n'existe pas
de phase du « oui ».

65

# LE **DICO** DE **TIBO**

**NORD :**

Endroit où le père Noël se cache 364 jours par année.

**NOTE :** Une note de musique s'ennuie toute seule. C'est en famille qu'elles forment des mélodies.

**NOUILLE :** Pâte molle qui ne se retrouve pas toujours dans notre assiette.

**NOUVELLE :** Il existe de bonnes ou de mauvaises nouvelles. Curieusement, tout le monde préfère les bonnes nouvelles.

**NOYAU :** Les noyaux sont des coquins. Ils jouent à la cachette dans les fruits.

**NU :** On est tout nu juste avant de s'habiller.

**NUAGE :** Gros objet volant, sans aile et sans moteur, qui peut changer de forme et même faire pipi dans le ciel.

**NUDISTE :** Se dit de quelqu'un qui ne sait plus où il a caché ses vêtements.

**NUIT :** Moment de la journée où le soleil se repose.

# LE **DICO** DE **TIBO**

**OBÈSE** : Personne qui a oublié de maigrir.

**OCÉAN** : Grande masse d'eau qui avale les bateaux.

**OEIL** : Organe qui fait mal lorsque je mets mon doigt dedans.

**OEUF** : Coquille qui cache quelque chose.

**OGRE :**

Homme de grande taille, qui aime les enfants et qui rêve de travailler dans une garderie… mais que personne ne veut engager.

**OIGNON :** Provoque des pleurs même lorsqu'on est heureux.

# LE **DICO** DE **TIBO**

**OISEAU :** Animal avec des ailes, qui est jaloux des avions.

**OMBRE :** Elle me suit toujours partout, partout…

**OPÉRA :** Forme d'art qui consiste à chanter plus fort que son voisin.

**OPINION :** Genre de chose qu'il vaut mieux, quelquefois, garder pour soi.

**OR :** Souvent, l'or vaut beaucoup d'argent.

**ORANGE :** Fruit de couleur orange. Alors, pourquoi un citron ne s'appelle-t-il pas un « jaune » ?

**ORANG-OUTAN :** Animal qui ressemble à un homme pas très beau.

**ORCHESTRE :** Regroupement de musiciens qui ont peur de recevoir un coup de baguette.

# LE **DICO** DE **TIBO**

**ORDINATEUR :**

Petite fenêtre sans
rideau par laquelle
on peut regarder
le monde.

**OREILLE :** Organe
servant à ne pas
entendre ce qu'on
veut ignorer.

**ORNITHORYNQUE :**
Animal tout mélangé.

**ORPHELIN :** Se dit d'un enfant qui n'a personne pour
le réconforter ou lui dire d'aller se coucher.

**OTARIE :** Animal luisant qui jongle avec des ballons.

**OURS :** Animal poilu pouvant se tenir debout.
Ne pas confondre avec un homme poilu.

**O. V. N. I. :** On ignore d'où ça vient.
On ignore où ça va. Finalement, on ne sait rien de lui.

# LE **DICO** DE **TIBO**

**PAPA :** On en cherche encore la vraie définition tellement il y a de sortes de papas.

**PAPILLON :** Chenille ridicule avec des ailes magnifiques.

**PAPOTER :**

Activité préférée des gens qui n'ont vraiment, vraiment rien à dire, mais qui adorent parler.

**PAQUEBOT :** Jouet de bois ou de plastique qui flotte souvent dans une baignoire.

# LE **DICO** DE **TIBO**

**PATATE :** Légume idéal pour faire des frites.

**PÈRE NOËL :** Homme à barbe blanche qui ne voyage qu'une seule fois par année.

**PEUR :** Sentiment normal éprouvé lorsqu'on nous raconte des histoires de sorcières.

**PIANO :** Instrument de musique très agréable à déménager.

**PIED :** Partie du corps située à l'extrémité des jambes, entre la cheville et les orteils. Idéal pour marcher, courir et se faire chatouiller.

**PIEDS NUS :** La meilleure façon de se déplacer pour se cogner les orteils… surtout la nuit.

**PLUIE :** Gouttes qui tombent du ciel lorsque les nuages sont tristes.

**POIL :** Plus on en a, plus on les rase. Ça devient rasant à la fin.

# LE **DICO** DE **TIBO**

**POISSON :** Animal n'ayant jamais soif et qui fait pipi dans l'eau.

**PONT :** Structure de bois ou de métal servant à traverser un cours d'eau sans se mouiller les pieds.

**POULE :**

Animal qui pond des œufs de Pâques ou des œufs d'or.

# LE **DICO** DE **TIBO**

## QUADRUPÈDE :

Tout ce qui se déplace
à quatre pattes, comme une chaise,
une table, un enfant.

## QUADRUPLÉS :

Les quadruplés hurlent quatre fois
plus fort qu'un enfant seul.

QUALITÉ : Habituellement, nous avons les qualités
de nos défauts et les défauts de nos qualités.

# LE **DICO** DE **TIBO**

**QUESTION** : Il est plus facile de la poser que d'avoir la réponse.

**QUEUE** : Sorte de rallonge qui termine un chat.

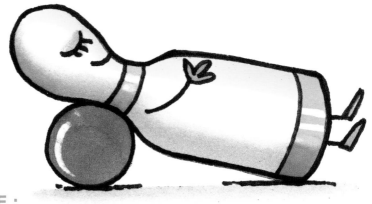

**QUILLE :**

Objet qui rêve de perdre la boule.

**QUINCAILLERIE** : Endroit où les papas se retrouvent le dimanche.

**QUINTETTE** : Peut facilement devenir un quatuor si un des musiciens tombe malade.

# LE **DICO** DE **TIBO**

## QUINTUPLÉS :

Les quintuplés hurlent cinq fois plus fort qu'un enfant seul. Habituellement, les parents de quintuplés sont des gens qui ont très mal aux oreilles.

**QUINZE :** Chiffre ratoureux qui s'est subtilement placé entre le quatorze et le seize.

# LE **DICO** DE **TIBO**

**RACE** : Il n'y a qu'une seule race : la race humaine. Mais plusieurs personnes l'oublient.

**RACINES :**

Gros doigts que les arbres enfoncent dans la terre pour s'y agripper.

**RADEAU** : Sorte de bateau sans chambre, sans hublot, sans salle à manger et sans capitaine.

**RADIO** : Objet qui parle tout seul.

**RADOTER** : Ce que font plusieurs parents...

**RAJEUNIR** : Ce que toutes les vieilles personnes souhaitent.

**RANGER** : Faculté absente chez la plupart des enfants.

**RAT** : Petit animal très malheureux parce que personne ne l'aime.

# LE **DICO** DE **TIBO**

**RATEAU** : Instrument servant à peigner l'herbe.

**RATON LAVEUR** : Rien ne prouve qu'ils sont plus propres que les autres animaux.

**REMÈDES** : S'ils étaient vraiment efficaces, nous ne serions jamais malades.

**RENARD** : Animal intelligent et ratoureux qui mange du fromage dans une fable.

**RENNE** : Animal préféré du père Noël.

**REQUIN** : Poisson muni de dents acérées, vedette de plusieurs films, mais dont il est impossible d'obtenir un autographe.

**RESTAURANT** : Endroit regroupant des gens affamés qui ne veulent pas cuisiner.

**REVOLVER** : Objet qui devient inoffensif lorsqu'il est en caoutchouc. Tous les revolvers devraient être en caoutchouc ou en plastique.

# LE **DICO** DE **TIBO**

**RHINOCÉROS** : Animal à éviter, sauf dans les pages d'un dictionnaire. Rappelez-vous ce conseil d'ami : lors d'une escapade en camping sauvage, la corne du rhinocéros ne doit jamais servir de crochet pour suspendre votre robe de chambre.

**RHUME** : Quand une bersonne barle du nez, on beut dire qu'elle a le rhube.

**RIRE :**

On peut rire aux larmes et pleurer de rire.

**RITALIN** : Sirop qui ne fait pas rire Alain.

**ROCHE** : Objet traînant par terre qu'il ne faut pas lancer dans les vitres.

**RONFLEMENT** : Petite musique de nuit servant à faire fuir les autres dormeurs.

**ROUGE** : Couleur préférée du père Noël durant la période des fêtes. On ignore quelle est sa couleur préférée le reste de l'année.

# LE **DICO** DE **TIBO**

**SABLE** : Petit grain qui habite dans un sablier.

**SALADE** : Laitue romaine qui pousse aussi au Canada. César était un maître dans l'art de préparer des salades.

**SANG** : Liquide rouge qui circule dans le corps. Si on boit beaucoup de lait, le sang ne devient pas rose.

**SAPIN DE NOËL** : Arbre qui pousse dans les salons pendant la période des fêtes.

**SARDINE :**

Petit poisson vivant à plusieurs dans une petite boîte.

**SAUTERELLE** : Si la sauterelle ne sautait pas, elle ne s'appellerait pas une sauterelle, elle porterait un autre nom. Mais comme elle saute partout, elle s'appelle une sauterelle.

**SAVON** : Plus on l'utilise, plus il disparaît. Et ça, nous le savons.

# LE **DICO** DE **TIBO**

**SECRET :** Quelque chose qu'il est très difficile de garder pour soi.

**SECRÉTAIRE :** Dans une école, la secrétaire est aussi une infirmière, une téléphoniste, une psychologue et une maman.

**SERPENT :** Sorte d'oiseau qui ne vole pas et dont on a enlevé les plumes, les ailes et les pattes, et dont on a étiré le corps pour qu'il puisse ramper sur le sol pour faire peur à tout le monde.

**SIFFLET :** Sert à siffler plus fort que les oiseaux.

**SILENCE :** Phénomène qui est extrêmement difficile à obtenir dans une classe.

**SIROP :** Liquide provenant de l'érable au printemps. Il n'est pas très efficace contre la toux, mais il goûte très bon.

**SKIS :** Planches recourbées vers le bas de la pente. Et non le contraire.

**SOLDAT :** Homme dont le métier est de jouer à la guerre, mais pour de vrai.

**SOLEIL :** Surnommé l'astre du jour parce qu'il se cache pendant la nuit.

# LE **DICO** DE **TIBO**

**SOMMEIL :** Le sommeil
ne sert à rien,
sauf à se reposer.

**SORCIÈRE :**
Femme qui
balaie le ciel.

**SOULIERS :**
Les souliers, grâce à
leur forme ajustée, permettent
de distinguer le pied gauche du pied droit.

**SOURIS :** Petit rongeur relié à un ordinateur par la
queue.

**SOUS-MARIN :** Moyen de transport permettant de
voyager sous l'eau, de façon élégante et sans se
mouiller.

**SQUELETTE :** Tout le monde en possède un, même
s'il est très bien caché.

**SUCRE :** Ce qui provoque les caries, ce qui fait
engraisser, ce qui provoque une foule de maladies et
que l'on continue d'aimer quand même.

# LE **DICO** DE **TIBO**

**TABLE :** Animal à dos plat que l'on retrouve souvent dans les cuisines.

**TAMANOIR :** Animal très rare qu'on ne rencontre que dans les dictionnaires.

**TAMBOUR :**
Instrument de musique servant à faire fuir les adultes.

**TAXI :** Véhicule que le passager abandonne une fois rendu à destination.

**TÉLÉPHÉRIQUE :** Moyen de transport aérien sur un fil et sans ailes.

**TÉLÉPHONE :** Instrument auquel il faut parler régulièrement pour qu'il ne s'ennuie pas.

**TÉLESCOPE :** Objet servant à rapprocher les étoiles.

# LE **DICO** DE **TIBO**

**TÉLÉVISEUR :** Sorte de boîte magique munie d'une fenêtre dont on peut changer le paysage en appuyant sur un bouton.

**TENNIS :** C'est la balle qu'il faut frapper avec sa raquette, et non son adversaire.

**THERMOMÈTRE :** Objet scientifique permettant de savoir si j'irai à l'école, aujourd'hui.

**TIBO :** Auteur de ce dictionnaire. Ce qui ne prouve absolument rien !

**TIMBRE :** Certains les collectionnent. Mais la plupart des gens les collent sur des enveloppes pour que d'autres personnes les collectionnent à leur place.

**TORTUE :** Sorte de roche possédant une tête et des pattes.

**TRACTEUR :** Moyen de transport servant à se déplacer en laissant des traces.

**TRAIN :** Ce que l'on désire recevoir à notre anniversaire et qui traîne sous son lit le reste de l'année.

# LE **DICO** DE **TIBO**

### TRAÎNEAU À CHIENS :

Seul moyen de transport dont le moteur jappe.

### TRAÎNEAU DU PÈRE NOËL :

Véhicule qui ne sert qu'une fois par année.

**TRAVAILLER :** Façon honnête de se fatiguer.

**TREIZE :** Chiffre malheureux, surtout le vendredi.

**TRICHER :** Ce que tous les écoliers feraient s'ils en avaient le droit.

**TRICYCLE :** Engin à trois roues, idéal pour démolir le mobilier.

### TROMPETTE :

Instrument de musique servant à faire gonfler les joues.

# LE **DICO** DE **TIBO**

**UN :** Il n'y a qu'un seul « un ». S'il y en avait deux, il ne serait plus seul et il porterait un autre nom.

**UNANIMITÉ :** Se dit lorsque tout le monde est d'accord. Exemple : *Tout le monde adore le dictionnaire loufoque de Gilles Tibo et de Philippe Béha.*

**UNICYCLE :** On s'en sert lorsqu'on est trop pauvre pour acheter un vélo à deux roues.

**UNIJAMBISTE :** Quelqu'un qui s'ennuie de son autre jambe.

**UNIVERSEL :** Rien à voir avec le sel dans l'univers.

**UNIVERSITÉ :** École où on apprend l'univers.

**URGENCE :** Endroit où il faut être patient.

**USINE :** En ajoutant un « c » et un « i » à usine, elle devient une cuisine. Ce qui est, avouons-le, assez spectaculaire !

# LE **DICO** DE **TIBO**

**VACANCES** : Courte période de repos pendant laquelle il est permis de ne rien faire, mais ne rien faire le mieux possible !

**VACHE** : Animal préféré du laitier.

**VALISE :**

Petite boîte dans laquelle nous emportons nos rêves de vacances.

**VAMPIRE :**
Personnage qui apparaît souvent les soirs d'Halloween.

**VAUTOUR** : Oiseau qui tourne en rond dans le ciel juste avant de manger.

**VÉLO** : Moyen de transport à deux roues, muni d'un guidon et d'un cycliste.

# LE **DICO** DE **TIBO**

**VENT** : Force invisible qui fait chavirer les voiliers.

**VÉRITÉ** : Ce qui est très difficile à obtenir d'un menteur.

**VIEILLARD** : Se dit d'une personne qui est née dans l'ancien temps.

**VILAIN** : Personnage très populaire que l'on rencontre dans presque tous les films et tous les livres. Sans le vilain, il n'y aurait pas d'intrigue.

**VILLE** : Endroit situé très loin de la campagne.

**VIOLON** : Instrument à cordes et à torticolis.

**VIOLONCELLE** : Instrument dont il est défendu de faire des nœuds dans les cordes.

**VOILIER** : Moyen de transport qui aiguise la patience.

**VOITURE DE COURSE** : Moyen de transport préféré des gens pressés.

# LE **DICO** DE **TIBO**

**VOITURE DE POLICE :** Sorte de voiture dans laquelle les voleurs s'assoient à l'arrière.

**VOLCAN :**

Les volcans crachent de la lave et non pas de la bave.

# LE **DICO** DE **TIBO**

**WAGON** : Sorte de cabine immobile dans laquelle on peut voir le paysage défiler sous nos yeux.

**WAPITI** : Grand cerf qui s'ennuie parce qu'il vit tout seul dans les dernières pages des dictionnaires.

**WATER-POLO** : Se pratique dans une grande baignoire. Seul jeu qui encourage les joueurs à se lancer de l'eau et à se chamailler pour un ballon.

**WESTERN :**

Films dans lesquels les cowboys jouent aux cowboys et les Indiens jouent aux Indiens.

**WOUF WOUF :**
Seul mot que les chiens peuvent prononcer clairement. Selon l'intonation, il peut exprimer la joie, la crainte ou tout ce que l'on veut.

**WOW !** : Exclamation que l'on pousse lorsqu'on est surpris par quelque chose ou quelqu'un.
Exemple : *Wow ! Comme tu as de belles oreilles !*

# LE **DICO** DE **TIBO**

**X :** Petit signe que l'on écrit en cachette sur un bulletin de vote. Il faut s'exercer dès son plus jeune âge pour faire de beaux « X ».

**X X X :** Petits signes que l'on écrit à la fin d'une lettre d'amour pour signifier à l'être aimé qu'on lui donne trois bisous.

**X X X X :**

Petits signes que l'on écrit à la fin d'une lettre d'amour pour signifier à l'être aimé qu'on lui donne quatre bisous. Et ainsi de suite jusqu'à l'infini.

**XAVIER :** Prénom donné à tous les enfants qui s'appellent Xavier.

**XAWOLINOPROPYLIQUE :** Mot inventé de toutes pièces pour ajouter une définition dans la section des « X ». Et ça fonctionne !

X

# LE **DICO** DE **TIBO**

## XCUSEZ-MOI :

Abréviation prononcée par quelqu'un qui s'excuse d'être pressé par le temps.

**XYLOPHONE :** Instrument de musique ou de torture, selon le cas.

**YABADABADOU ! :**

Premier mot prononcé par les hommes des cavernes.

**YACHT :** Moyen de transport qu'il est préférable d'utiliser sur l'eau.

# LE **DICO** DE **TIBO**

**YÉTI :** Animal inventé pour faire peur aux enfants.
Exemple : *Yéti mange les orteils si ti ne vas pas ti coucher tout de suite.*

**YEUX :** Organes par lesquels on peut voir la beauté du monde et pleurer un petit peu.
On aimerait en avoir tout le tour de la tête.

**YOGA :** Activité qui consiste à se plier en deux, en quatre, en huit, en seize, en trente-deux... mais rarement en soixante-quatre.

**YOGOURT ou YAOURT :**
Nom que prend le lait une fois passée la date d'expiration.

**YO-YO :**

Jeu qui consiste à ne pas mêler la corde.

# LE **DICO** DE **TIBO**

**YOUPI** ! : Interjection servant à exprimer son enthousiasme. Exemple : *Youpi, je consulte mon dictionnaire !*

**YOUPPELAY** ! : Dans le langage parlé. Interjection exprimant son plaisir. Exemple : *Youppelay ! Je me promène en vélo !*

**YVES** : Voir Yvon.

**YVON** : Prénom placé ici pour ajouter quelques définitions dans la section des « Y ».

# LE **DICO** DE **TIBO**

**Z** : C'est la signature de Zorro… qui ne savait pas écrire son nom au complet, mais qui maniait l'épée comme un champion.

**ZAIZ** : C'est un nouveau mot qui vient tout juste d'apparaître dans les pages de ce dictionnaire.
On ne sait pas encore ce qu'il veut dire,
mais on va le trouver un jour. C'est promis !

**ZÈBRE** : Animal qui porte un pyjama même le jour.

**ZÉBU** : Animal originaire d'Afrique qui habite en permanence dans les dernières pages de tous les abécédaires.

**ZÉRO** : Ce que personne ne veut devenir.

**ZÉZAYER** : Mettre des « Z » partout, sauf au bon endroit. Exemple : *Ze zoue zavec Noé ze zeudi zoir.*

**ZIGZAGUER** : Meilleure façon d'attirer l'attention en se sauvant.

# LE **DICO** DE **TIBO**

**ZIP ! :**

Bruit que fait une fermeture
éclair lorsqu'on la remonte
très rapidement.

**ZIZI :**

Mot qui fait rire tous
les enfants.

**ZODIAQUE :**
Il y a douze
signes du zodiaque.
Mais ça ne prouve rien.

**ZOMBI** : Personnage
épeurant que l'on rencontre
souvent dans les films d'horreur… et quelquefois dans
la vie.

**ZOUP !** : Bruit que fait une fermeture éclair lorsqu'on
la descend très rapidement.

# LE **DICO** DE **TIBO**

**ZOO** : Endroit où les animaux peuvent étudier, de près, le comportement humain.

**ZOZO** : S'emploie habituellement dans la phrase suivante : *Espèce de zozo !*

**ZUT !** :

Marque la déception. Exemple : *Zut !*
*C'est la fin de ce merveilleux Dico !*